Horst Völz

Tabellen zum Mikrorechnersystem U 880 – Z 80

Die hier zusammengestellten Tabellen und Bilder entstammen dem im selben Verlag erschienenen Buch des Autors „Elektronik. Grundlagen, Prinzipien, Zusammenhänge“, 4., bearbeitete und wesentlich erweiterte Auflage 1986

Akademie-Verlag Berlin
1986

ISBN 3-05-500058-7

Erschienen im Akademie-Verlag Berlin, DDR-1086 Berlin, Leipziger Str. 3–4

Lizenznummer: 202 · 100/513/86
Printed in the German Democratic Republic
Gesamtherstellung: VEB Druckerei „Thomas Müntzer", 5820 Bad Langensalza
Lektor: Dipl.-Phys. Ursula Heilmann
LSV 3537, 1087, 1187
Bestellnummer: 763 603 0 (6962)
00500

Inhaltsverzeichnis

Beim Umgang mit der Mikrorechentechnik hat das System U 880 (Z 80), U 855, U 856, U 857, U 858 bzw. CPU, PIO, SIO, CTC, DMA eine besonders große Bedeutung. Immer wieder muß — vor allem, wenn kein Assembler oder Disassembler zur Verfügung steht — auf Tabellen zurückgegriffen werden. Solcher Rückgriff ist vorwiegend in Ausbildung und Lehre und bei nichtkommerziellen Anwendern, aber auch im Debugging erforderlich. Die vorgenommene Zusammenstellung soll in einfacher Weise diesem breiten Bedürfnis Rechnung tragen. Bei der Auswahl sind auch die wichtigsten Daten zur Initialisierung und zum Betrieb der Peripheriebausteine sowie einige Hardwareanliegen berücksichtigt worden. Quelle der hier vorgelegten Tabellen und Bilder ist das ebenfalls im Akademie-Verlag Berlin erschienene Buch des Autors: „Elektronik. Grundlagen, Prinzipien, Zusammenhänge", 4., bearbeitete und wesentlich erweiterte Auflage. Lediglich die Seiten 9 und 27 sind darüber hinaus ergänzt. Dem Akademie-Verlag sei für die bereitwillige Unterstützung dieses Vorhabens gedankt.

September 1985

Horst Völz

Kurzzeichen

Bedeutung und Werte von Kurzzeichen bei Befehlen des U 880. Die eingeklammerten Bezeichnungen werden zuweilen in der Literatur benutzt. In der Spalte bit sind die Positionen angegeben, wo die zugehörigen bit in einem Byte stehen, in der Spalte Byte die Lage in einem (Mehrbyte-) Befehl. Die unteren Tabellen weisen die Bedeutung je nach Belegung der bit aus. Für d gilt ØØ H bis 7F H ≙ Ø D bis 127 D; 8Ø H bis ØF FH ≙ − 128 D bis − 1 D.

Zeichen	Beschreibung	Wert	bit	Byte
b	Bit-Position im Bereich von Ø−7	Ø÷7	3 ÷ 5	letztes
c	Bedingung für Sprünge (2 bit)		3 + 4	I
cc	Bedingung für Sprünge und Subroutinen		3 ÷ 5	I
d	Distanz im Speicherregister IX, IY	−128 ÷ 127	Ø ÷ 7	III
dd	Registerpaare BC, DE, HL, SP		4 ÷ 5	I/II
e	relative Sprungweite (d_r 2)	−126 ÷ 129	Ø ÷ 7	II
(f)	siehe m			
ii	Indexregister IX oder IY		5	I
M	= (HL)			
m	r, (HL), (IX + d), (IY + d)			
n	Zahlenwert	Ø ÷ 255	Ø ÷ 7	letztes
nn	Zahlenwert	Ø ÷ 65553	Ø ÷ 7	beide letzten
p	wie t gebraucht			
pp	Registerpaare BC, DE, IX oder IY, SP		4 + 5	II
qq	Registerpaare BC, DE, HL, AF		4 + 5	I
r	Register A, B, C, D, E, H, L (n bzw. (HL)		3 ÷ 5	I/II
r′	wie r, jedoch speziell als Quelle		Ø ÷ 2	I/II
(rr)	wie pp, jedoch nur IY, dann pp nur IX		4 + 5	II
s	r, n, (HL), (IX + d), (IY + d)			
(ss)	wie dd (Source, Drain)			
t	Sprungadressen		3 ÷ 5	I
tt	Registerpaare BC, DE		4	I

( ) bedeutet: Inhalt des Registers bestimmt die Adresse der Speicherzelle

bit	ii	tt
Ø	IX	BC
1	IY	DE

bit	c	dd	pp	qq
ØØ	NZ	BC	BC	BC
Ø1	Z	DE	DE	DE
1Ø	NC	HL	IX/IY	HL
11	C	SP	SP	AF

bit	cc	b	r	t
ØØØ	NZ	Ø	B	ØØH = ØD
ØØ1	Z	1	C	Ø8H = 8D
Ø1Ø	NC	2	D	1ØH = 16D
Ø11	C	3	E	18H = 24D
1ØØ	PO	4	H	2ØH = 32D
1Ø1	PE	5	L	28H = 4ØD
11Ø	P	6	n/(HL)	3ØH = 48D
111	M	7	A	38H = 56D

Ladebefehle

8-bit-LD			Quelle: implizit I	implizit R	Register A	Register B	Register C	Register D	Register E	Register H	Register L	Register indirekt M	Register indirekt (BC)	Register indirekt (DE)	indiziert (IX + d)	indiziert (IY + d)	erweiterte Adresse (nn)	Direktwert n
Ziel	Register	A	ED 57	ED 5F	7F	78	79	7A	7B	7C	7D	7E	0A	1A	DD 7E d	FD 7E d	3A n n	3E n
		B			47	40	41	42	43	44	45	46			DD 46 d	FD 46 d		06 n
		C			4F	48	49	4A	4B	4C	4D	4E			DD 4E d	FD 4E d		0E n
		D			57	50	51	52	53	54	55	56			DD 56 d	FD 56 d		16 n
		E			5F	58	59	5A	5B	5C	5D	5E			DD 5E d	FD 5E d		1E n
		H			67	60	61	62	63	64	65	66			DD 66 d	FD 66 d		26 n
		L			6F	68	69	6A	6B	6C	6D	6E			DD 6E d	FD 6E d		2E n
	Register indirekt	M			77	70	71	72	73	74	75							36 n
		(BC)			02													
		(DE)			12													
	indiziert	(IX + d)			DD 77 d	DD 70 d	DD 71 d	DD 72 d	DD 73 d	DD 74 d	DD 75 d							DD 36 d n
		(IY + d)			FD 77 d	FD 70 d	FD 71 d	FD 72 d	FD 73 d	FD 74 d	FD 75 d							FD 36 d n
	erweiterte Adresse	(nn)			32 n n													
	implizit	I			ED 47													
		R			ED 4F													

Austauschbefehle	
EXX	D9
EXAF	08
EXDE	EB
EX(SP),HL	E3
EX(SP),IX	DD E3
EX(SP),IY	FD E3

Blocktransfer	
LDI	ED A0
LDIR	ED B0
LDD	ED A8
LDDR	ED B8

16 bit LD			Quelle: Register AF	Register BC	Register DE	Register HL	Register SP	Register IX	Register IY	erweit. Direktwert nn	erweit. Adresse (nn)	indir. Reg. Adr. (SP)
Ziel	Register	AF										F1
		BC								01 n n	ED 4B n n	C1
		DE								11 n n	ED 5B n n	D1
		HL								21 n n	2A n n	E1
		SP				F9		DD F9	FD F9	31 n n	ED 7B n n	
		IX								DD 21 n n	DD 2A n n	DD E1
		IY								FD 21 n n	FD 2A n n	FD E1
	erweit. Adr.	(nn)		ED 43 n n	ED 53 n n	22 n n	ED 73 n n	DD 22 n n	FD 22 n n			POP-Befehle ↑
PUSH-Befehle →	indir. Reg. Adr.	(SP)	F5	C5	D5	E5		DD E5	FD E5			

Achtung! Die PUSH- u. POP-Befehle verändern den SP-Inhalt nach jeder Ausführung

Arithmetikbefehle

8-bit-arithm. logisch	Quelle										
	Register-Adressierung							indir. Reg.-Adr.	indizierte Adressierung		Direkt-wert
	A	B	C	D	E	H	L	M	(IX + d)	(IY + d)	n
Addition ADD	87	80	81	82	83	84	85	86	DD 86 d	FD 86 d	C6 n
Addition mit Übertrag ADC	8F	88	89	8A	8B	8C	8D	8E	DD 8E d	FD 8E d	CE n
Subtraktion SUB	97	90	91	92	93	94	95	96	DD 96 d	FD 96 d	D6 n
Subtraktion mit Übertrag SBC	9F	98	99	9A	9B	9C	9D	9E	DD 9E d	FD 9E d	DE n
„UND" AND	A7	A0	A1	A2	A3	A4	A5	A6	DD A6 d	FD A6 d	E6 n
exklusives oder XOR	AF	A8	A9	AA	AB	AC	AD	AE	DD AE d	FD AE d	EE n
oder OR	B7	B0	B1	B2	B3	B4	B5	B6	DD B6 d	FD B6 d	F6 n
Vergleich CP	BF	B8	B9	BA	BB	BC	BD	BE	DD BE d	FD BE d	FE n
Erhöhen um 1 INC	3C	04	0C	14	1C	24	2C	34	DD 34 d	FD 34 d	
Erniedr. um 1 DEC	3D	05	0D	15	1D	25	2D	35	DD 35 d	FD 35 d	

DAA	27
CPL	2F
NEG	ED 44
CCF	3F
SCF	37

Blockvergleich	
CPI	ED A1
CPIR	ED B1
CPD	ED A9
CPDR	ED B9

16-bit-arithm.-logisch			Quelle					
			BC	DE	HL	SP	IX	IY
Ziel	ADD	HL	09	19	29	39		
		IX	DD 09	DD 19		DD 39	DD 29	
		IY	FD 09	FD 19		FD 39		FD 29
	Addition mit Übertrag und Flagsetzer ADC	HL	ED 4A	ED 5A	ED 6A	ED 7A		
	Subtraktion mit Übertrag und Flagsetzer SBC	HL	ED 42	ED 52	ED 62	ED 72		
	Erhöhen um 1 INC		03	13	23	33	DD 23	FD 23
	Erniedrigen um 1 DEC		0B	1B	2B	3B	DD 2B	FD 2B

Quelle und Ziel	A	B	C	D	E	H	L	M	(IX + d)	(IY + d)		A			
RLC	CB 07	CB 00	CB 01	CB 02	CB 03	CB 04	CB 05	CB 06	DD CB d D6	FD CB d D6	RLCA	07	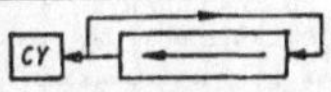	zykl. Verschiebung links herum	RLC
RRC	CB 0F	CB 08	CB 09	CB 0A	CB 0B	CB 0C	CB 0D	CB 0E	DD CB d DE	FD CB d DE	RRCA	0F	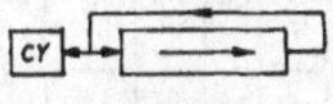	zykl. Verschiebung rechts herum	RRC
RL	CB 17	CB 10	CB 11	CB 12	CB 13	CB 14	CB 15	CB 16	DD CB d 16	FD CB d 16	RLA	17	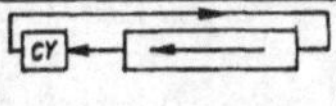	zykl. Verschiebung links	RL
RR	CB 1F	CB 18	CB 19	CB 1A	CB 1B	CB 1C	CB 1D	CB 1E	DD CB d 1E	FD CB d 1E	RRA	1F	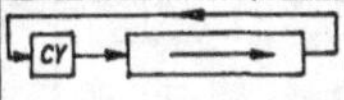	zykl. Verschiebung rechts	RR
SLA	CB 27	CB 20	CB 21	CB 22	CB 23	CB 24	CB 25	CB 26	DD CB d 26	FD CB d 26				Verschiebung links, arithm.	SLA
SRA	CB 2F	CB 28	CB 29	CB 2A	CB 2B	CB 2C	CB 2D	CB 2E	DD CB d 2E	FD CB d 2E			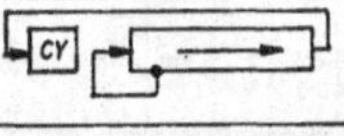	Verschiebung rechts, arithm.	SRA
SRL	CB 3F	CB 38	CB 39	CB 3A	CB 3B	CB 3C	CB 3D	CB 3E	DD CB d 3E	FD CB d 3E			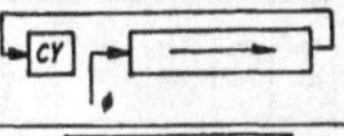	Verschiebung rechts logisch	SRL
RLD								ED 6F					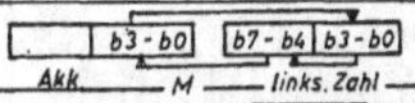	zykl. Verschiebung	RLD
RRD								ED 67					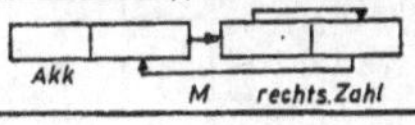	zykl. Verschiebung	RRD

Bit- und Jumpbefehle

	BIT	Registeradressierung A	B	C	D	E	H	L	indir. Reg. (HL)	indiziert (IX + d)	(IY + d)
TEST „BIT"	0	CB 47	CB 40	CB 41	CB 42	CB 43	CB 44	CB 45	CB 46	DD CB d 46	FD CB d 46
	1	CB 4F	CB 48	CB 49	CB 4A	CB 4B	CB 4C	CB 4D	CB 4E	DD CB d 4E	FD CB d 4E
	2	CB 57	CB 50	CB 51	CB 52	CB 53	CB 54	CB 55	CB 56	DD CB d 56	FD CB d 56
	3	CB 5F	CB 58	CB 59	CB 5A	CB 5B	CB 5C	CB 5D	CB 5E	DD CB d 5E	FD CB d 5E
	4	CB 67	CB 60	CB 61	CB 62	CB 63	CB 64	CB 65	CB 66	DD CB d 66	FD CB d 66
	5	CB 6F	CB 68	CB 69	CB 6A	CB 6B	CB 6C	CB 6D	CB 6E	DD CB d 6E	FD CB d 6E
	6	CB 77	CB 70	CB 71	CB 72	CB 73	CB 74	CB 75	CB 76	DD CB d 76	FD CB d 76
	7	CB 7F	CB 78	CB 79	CB 7A	CB 7B	CB 7C	CB 7D	CB 7E	DD CB d 7E	FD CB d 7E
LÖSCHEN „RES"	0	CB 87	CB 80	CB 81	CB 82	CB 83	CB 84	CB 85	CB 86	DD CB d 86	FD CB d 86
	1	CB 8F	CB 88	CB 89	CB 8A	CB 8B	CB 8C	CB 8D	CB 8E	DD CB d 8E	FD CB d 8E
	2	CB 97	CB 90	CB 91	CB 92	CB 93	CB 94	CB 95	CB 96	DD CB d 96	FD CB d 96
	3	CB 9F	CB 98	CB 99	CB 9A	CB 9B	CB 9C	CB 9D	CB 9E	DD CB d 9E	FD CB d 9E
	4	CB A7	CB A0	CB A1	CB A2	CB A3	CB A4	CB A5	CB A6	DD CB d A6	FD CB d A6
	5	CB AF	CB A8	CB A9	CB AA	CB AB	CB AC	CB AD	CB AE	DD CB d AE	FD CB d AE
	6	CB B7	CB B0	CB B1	CB B2	CB B3	CB B4	CB B5	CB B6	DD CB d B6	FD CB d B6
	7	CB BF	CB B8	CB B9	CB BA	CB BB	CB BC	CB BD	CB BE	DD CB d BE	FD CB d BE
BITSETZEN „SET"	0	CB C7	CB C0	CB C1	CB C2	CB C3	CB C4	CB C5	CB C6	DD CB d C6	FD CB d C6
	1	CB CF	CB C8	CB C9	CB CA	CB CB	CB CC	CB CD	CB CE	DD CB d CE	FD CB d CE
	2	CB D7	CB D0	CB D1	CB D2	CB D3	CB D4	CB D5	CB D6	DD CB d D6	FD CB d D6
	3	CB DF	CB D8	CB D9	CB DA	CB DB	CB DC	CB DD	CB DE	DD CB d DE	FD CB d DE
	4	CB E7	CB E0	CB E1	CB E2	CB E3	CB E4	CB E5	CB E6	DD CB d E6	FD CB d E6
	5	CB EF	CB E8	CB E9	CB EA	CB EB	CB EC	CB ED	CB EE	DD CB d EE	FD CB d EE
	6	CB F7	CB F0	CB F1	CB F2	CB F3	CB F4	CB F5	CB F6	DD CB d F6	FD CB d F6
	7	CB FF	CB F8	CB F9	CB FA	CB FB	CB FC	CB FD	CB FE	DD CB d FE	FD CB d FE

Ein-Ausgabe

	IN	OUT
n	DB n	D3 n
A	ED 78	ED 79
B	ED 40	ED 41
C	ED 48	ED 49
D	ED 50	ED 51
E	ED 58	ED 59
H	ED 60	ED 61
L	ED 68	ED 69
F	ED 70	

Restart

RST	HEX	CALL-Adr
0	C7	0000 H
8	CF	0008 H
16	D7	0010 H
24	DF	0018 H
32	E7	0020 H
40	EF	0028 H
48	F7	0030 H
56	FF	0038 H

Block-Ein-Ausgabe

	IN	OUT
I	ED A2	ED A3
IR	ED B2	ED B3
D	ED AA	ED AB
DR	ED BA	ED BB

NOP	00
HALT	76
DI	F3
EI	FB
IM0	ED 46
IM1	ED 56
IM2	ED 5E

			Bedingung	unbedingt	Übertrag C	kein Übertr. NC	≠ 0 Z	= 0 NZ	P/V = 1 paarig PE	P/V = 0 unpaarig PO	S = 1 >0 M	S = 0 <0 P	Reg. B ≠ 0
Sprung	„JMP" „J"	erweiterter Direktwert	nn	C3 n n	DA n n	D2 n n	CA n n	C2 n n	EA n n	E2 n n	FA n n	F2 n n	
	„JR"	relativ	PC + e	18 e − 2	38 e − 2	30 e − 2	28 e − 2	20 e − 2					
	„JMI"		M	E9									
	„JMP"	indirekt Register	(IX)	DD E9									
	„JMP"		(IY)	FD E9									
„CALL" „CA"		erweiterter Direktwert	nn	CD n n	DC n n	D4 n n	CC n n	C4 n n	EC n n	E4 n n	FC n n	F4 n n	
Erniedrigen B, Sp. bei ≠ 0 DJNZ		relativ	PC + e										10 e − 2
Rücksprung „RET" „R"		indirekt Register	(SP) (SP + 1)	C9	D8	D0	C8	C0	E8	E0	F8	F0	
Rücksprung v. Interrupt RETI		indirekt Register	(SP) (SP + 1)	ED 4D									
Rücksp. v. nicht mask. Interrupt RETN		indirekt Register	(SP) (SP + 1)	ED 45									

1-Byte-Zahlen mit und ohne Vorzeichen

Hex.	Dezimal mit/ohne Vorzeichen		Hex.	Dezimal mit/ohne Vorzeichen		Hex.	Dezimal mit/ohne Vorzeichen		Hex.	Dezimal mit/ohne Vorzeichen	
00	(+)0	0	40	+64	64	80	−128	128	C0	−64	192
01	+1	1	41	+65	65	81	−127	129	C1	−63	193
02	+2	2	42	+66	66	82	−126	130	C2	−62	194
03	+3	3	43	+67	67	83	−125	131	C3	−61	195
04	+4	4	44	+68	68	84	−124	132	C4	−60	196
05	+5	5	45	+69	69	85	−123	133	C5	−59	197
06	+6	6	46	+79	70	86	−122	134	C6	−58	198
07	+7	7	47	+71	71	87	−121	135	C7	−57	199
08	+8	8	48	+72	72	88	−120	136	C8	−56	200
09	+9	9	49	+73	73	89	−119	137	C9	−55	201
0A	+10	10	4A	+74	74	8A	−118	138	CA	−54	202
0B	+11	11	4B	+75	75	8B	−117	139	CB	−53	203
0C	+12	12	4C	+76	76	8C	−116	140	CC	−52	204
0D	+13	13	4D	+77	77	8D	−115	141	CD	−51	205
0E	+14	14	4E	+78	78	8E	−114	142	CE	−50	206
0F	+15	15	4F	+79	79	8F	−113	143	CF	−49	207
10	+16	16	50	+80	80	90	−112	144	D0	−48	208
11	+17	17	51	+81	81	91	−111	145	D1	−47	209
12	+18	18	52	+82	82	92	−110	146	D2	−46	210
13	+19	19	53	+83	83	93	−109	147	D3	−45	211
14	+20	20	54	+84	84	94	−108	148	D4	−44	212
15	+21	21	55	+85	85	95	−107	149	D5	−43	213
16	+22	22	56	+86	86	96	−106	150	D6	−42	214
17	+23	23	57	+87	87	97	−105	151	D7	−41	215
18	+24	24	58	+88	88	98	−104	152	D8	−40	216
19	+25	25	59	+89	89	99	−103	153	D9	−39	217
1A	+26	26	5A	+90	90	9A	−102	154	DA	−38	218
1B	+27	27	5B	+91	91	9B	−101	155	DB	−37	219
1C	+28	28	5C	+92	92	9C	−100	156	DC	−36	220
1D	+29	29	5D	+93	93	9D	−99	157	DD	−35	221
1E	+30	30	5E	+94	94	9E	−98	158	DE	−34	222
1F	+31	31	5F	+95	95	9F	−97	159	DF	−33	223
20	+32	32	60	+96	96	A0	−96	160	E0	−32	224
21	+33	33	61	+97	97	A1	−95	161	E1	−31	225
22	+34	34	62	+98	98	A2	−94	162	E2	−30	226
23	+35	35	63	+99	99	A3	−93	163	E3	−29	227
24	+36	36	64	+100	100	A4	−92	164	E4	−28	228
25	+37	37	65	+101	101	A5	−91	165	E5	−27	229
26	+38	38	66	+102	102	A6	−90	166	E6	−26	230
27	+39	39	67	+103	103	A7	−89	167	E7	−25	231
28	+40	40	68	+104	104	A8	−88	168	E8	−24	232
29	+41	41	69	+105	105	A9	−87	169	E9	−23	233
2A	+42	42	6A	+106	106	AA	−86	170	EA	−22	234
2B	+43	43	6B	+107	107	AB	−85	171	EB	−21	235
2C	+44	44	6C	+108	108	AC	−84	172	EC	−20	236
2D	+45	45	6D	+109	109	AD	−83	173	ED	−19	237
2E	+46	46	6E	+110	110	AE	−82	174	EE	−18	238
2F	+47	47	6F	+111	111	AF	−81	175	EF	−17	239
30	+48	48	70	+112	112	B0	−80	176	F0	−16	240
31	+49	49	71	+113	113	B1	−79	177	F1	−15	241
32	+50	50	72	+114	114	B2	−78	178	F2	−14	232
33	+51	51	73	+115	115	B3	−77	179	F3	−13	243
34	+52	52	74	+116	116	B4	−76	180	F4	−12	244
35	+53	53	75	+117	117	B5	−75	181	F5	−11	235
36	+54	54	76	+118	118	B6	−74	182	F6	−10	246
37	+55	55	77	+119	119	B7	−73	183	F7	−9	247
38	+56	56	78	+120	120	B8	−72	184	F8	−9	248
39	+57	57	79	+121	121	B9	−71	185	F9	−7	249
3A	+58	58	7A	+122	122	BA	−70	186	FA	−6	250
3B	+59	59	7B	+123	123	BB	−69	197	FB	−5	251
3C	+60	60	7C	+124	124	BC	−68	188	FC	−4	252
3D	+61	61	7D	+125	125	BD	−67	189	FD	−3	253
3E	+62	62	7E	+126	126	BE	−66	190	FE	−2	254
3F	+63	63	7F	+127	127	BF	−65	191	FF	−1	255

Zählweise für relative Sprünge:

zurück

→XX[1]XX[2]XX[3]
XX[4]
XX[5]XX[6]
XX[7]
XX[8]
XX[9]XX[10]
—JR[11]F4[12]

−12 = F4

vor

—JRØA
XX[1]
XX[2]XX[3]XX[4]
XX[5]XX[6]
XX[7]
XX[8]
XX[9]XX[10]
XX
→+10 = ØA

Einige Befehlsabläufe

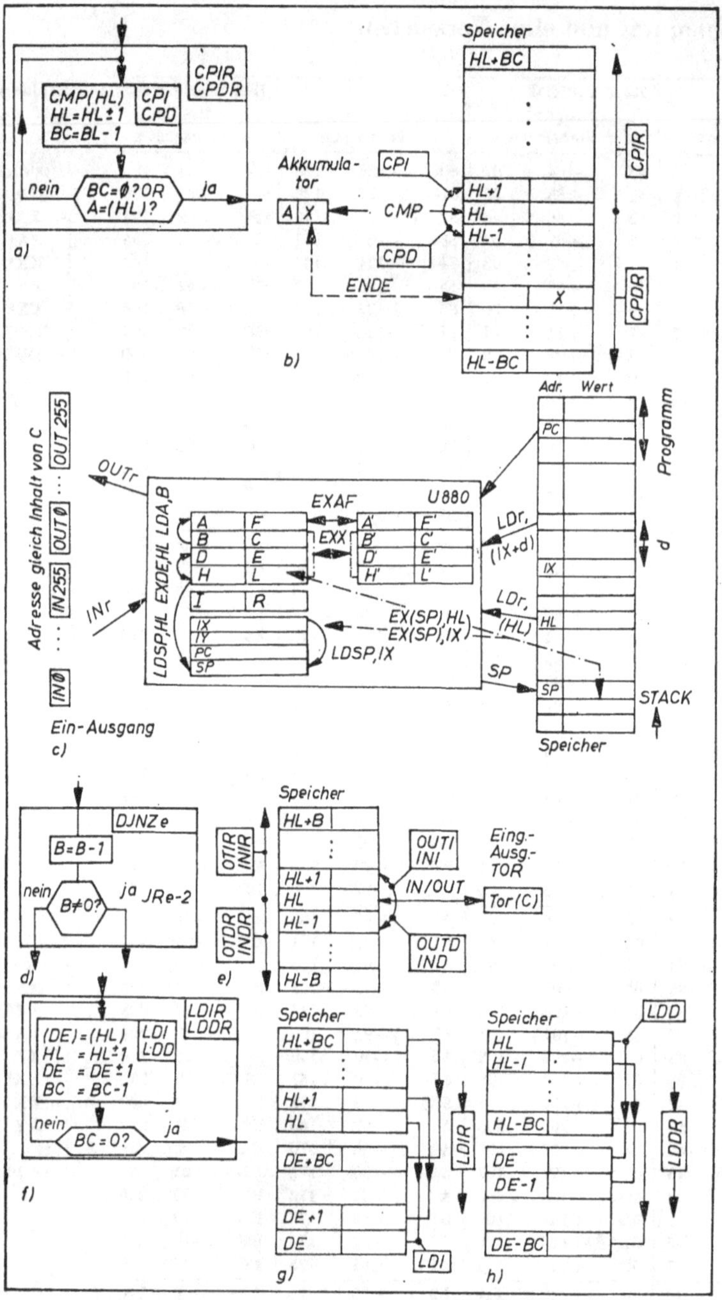

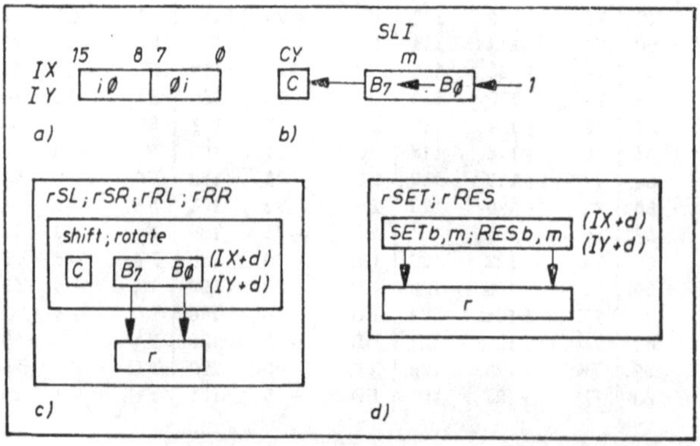

1-Byte und CB-n

	2. Tetrade															
1. Tetrade	0	1	2	3	4	5	6	7	8	9	A	B	C	D	E	F
0	NOP	LD BC, ,nn	LD(BC) ,A	INC BC	INC B	DEC B	LD B, n	RLCA	EX AF,AF'	ADD HL,BC	LDA, (BC)	DEC BC	INC C	DEC C	LD C n	RRCA
1	DJNZ e	LD DE, ,nn	LD(DE) ,A	INC DE	INC D	DEC D	LD D, n	RLA	JR, e	ADD HL,DE	LDA, (DE)	DEC DE	INC E	DEC E	LD E, n	RRA
2	JR NZ, e	LD HL, nn	LD(nn) ,HL	INC HL	INC H	DEC H	LD H, n	DAA	JR Z, e	ADD HL,HL	LD HL ,(nn)	DEC HL	INC L	DEC L	LD L, n	CPL
3	JRNC, e	LD SP, nn	LD(nn) ,A	INC SP	INC (HL)	DEC (HL)	LD(HL) ,n	SCF	JR C, ,e	ADD HL,SP	LD A (n,n)	DEC SP	INC A	DEC A	LD A, n	CCF
4	LD B,B	LD B,C	LD B,D	LD B,E	LD B,H	LD B,L	LD B,(HL)	LD B,A	LD C,B	LD C,C	LD C,D	LD C,E	LD C,H	LD C,L	LD C,(HL)	LD C,A
5	LD D,B	LD D,C	LD D,D	LD D,E	LD D,H	LD D,L	LD D,(HL)	LD D,A	LD E,B	LD E,C	LD E,D	LD E,E	LD E,H	LD E,L	LD E,(HL)	LD E,A
6	LD H,B	LD H,C	LD H,D	LD H,E	LD H,H	LD H,L	LD H,(HL)	LD H,A	LD L,B	LD L.C	LD L,D	LD L,E	LD L,H	LD L,L	LD L,(HL)	LD L,A
7	LD (HL),B	LD (HL),C	LD (HL),D	LD (HL),E	LD (HL),H	LD (HL),L	HALT	LD (HL),A	LD A,B	LD A,C	LD A,D	LD A,E	LD A,H	LD A,L	LD A,(HL)	LD A,A
8	ADD B	ADD C	ADD D	ADD E	ADD H	ADD L	ADD (HL)	ADD A	ADC B	ADC C	ADC D	ADC E	ADC H	ADC L	ADC (HL)	ADC A
9	SUB B	SUB C	SUB D	SUB E	SUB H	SUB L	SUB (HL)	SUB A	SBC B	SBC C	SBC D	SBC E	SBC H	SBC L	SBC (HL)	SBC A
A	AND B	AND C	AND D	AND E	AND H	AND L	AND (HL)	AND A	XOR B	XOR C	XOR D	XOR E	XOR H	XOR L	XOR (HL)	XOR A
B	OR B	OR C	OR D	OR E	OR H	OR L	OR (HL)	OR A	CP B	CP C	CP D	CP E	CP H	CP L	CP (HL)	CP A
C	RET NZ	POP BC	JP NZ,nn	JP nn	CALL NZ,nn	PUSH BC	ADD A,n	RST 0	RET Z	RET	JP Z,nn	Bild 8.6.22a	CALL Z,nn	CALL nn	ADC A,n	RST 8
D	RET NC	POP DE	JP NC,nn	OUT n	CALL NC,nn	PUSH DE	SUB n	RST 10H	RET C	EXX	JP C,nn	IN n	CALL C,nn	Bild 8.6.23	SBC A,n	RST 18H
E	RET PO	POP HL	JP PO,nn	EX (SP),HL	CALL PO,nn	PUSH HL	AND n	RST 20H	RET PE	JP (HL)	JP PE,nn	EX DE,HL	CALL PE,nn		XOR n	RST 28H
F	RET P	POP AF	JP P,nn	DI	CALL P,nn	PUSH AF	OR n	RST 30H	RET M	LD (SP),HL	JP M,nn	EI	CALL M,nn		CP n	RST 38H

1. 2. 3. 4.

	2. Tetrade															
1. Tetrade	0	1	2	3	4	5	6	7	8	9	A	B	C	D	E	F
0	RLC B	RLC C	RLC D	RLC E	RLC H	RLC L	RLC (HL)	RLC A	RRC B	RRC C	RRC D	RRC E	RRC H	RRC L	RRC (HL)	RRC A
1	RL B	RL C	RL D	RL E	RL H	RL L	RL (HL)	RL A	RR B	RR C	RR D	RR E	RR H	RR L	RR (HL)	RR A
2	SLA B	SLA C	SLA D	SLA E	SLA H	SLA L	SLA (HL)	SLA A	SRA B	SRA C	SRA D	SRA E	SRA H	SRA L	SRA (HL)	SRA A
3	SLI B	SLI C	SLI D	SLI E	SLI H	SLI L	SLI (HL)	SLI A	SRL B	SRL C	SRL D	SRL E	SRL H	SRL L	SRL (HL)	SRL A
4	BIT 0,B	BIT 0,C	BIT 0,D	BIT 0,E	BIT 0,H	BIT 0,L	BIT 0,(HL)	BIT 0,A	BIT 1,B	BIT 1,C	BIT 1,D	BIT 1,E	BIT 1,H	BIT 1,L	BIT 1,(HL)	BIT 1,A
5	BIT 2,B	BIT 2,C	BIT 2,D	BIT 2,E	BIT 2,H	BIT 2,L	BIT 2,(HL)	BIT 2,A	BIT 3,B	BIT 3,C	BIT 3,D	BIT 3,E	BIT 3,H	BIT 3,L	BIT 3,(HL)	BIT 3,A
6	BIT 4,B	BIT 4,C	BIT 4,D	BIT 4,E	BIT 4,H	BIT 4,L	BIT 4,(HL)	BIT 4,A	BIT 5,B	BIT 5,C	BIT 5,D	BIT 5,E	BIT 5,H	BIT 5,L	BIT 5,(HL)	BIT 5,A
7	BIT 6,B	BIT 6,C	BIT 6,D	BIT 6,E	BIT 6,H	BIT 6,L	BIT 6,(HL)	BIT 6,A	BIT 7,B	BIT 7,C	BIT 7,D	BIT 7,E	BIT 7,H	BIT 7,L	BIT 7,(HL)	BIT 7,A
8	RES 0,B	RES 0,C	RES 0,D	RES 0,E	RES 0,H	RES 0,L	RES 0,(HL)	RES 0,A	RES 1,B	RES 1,C	RES 1,D	RES 1,E	RES 1,H	RES 1,L	RES 1,(HL)	RES 1,A
9	RES 2,B	RES 2,C	RES 2,D	RES 2,E	RES 2,H	RES 2,L	RES 2,(HL)	RES 2,A	RES 3,B	RES 3,C	RES 3,D	RES 3,E	RES 3,H	RES 3,L	RES 3,(HL)	RES 3,A
A	RES 4,B	RES 4,C	RES 4,D	RES 4,E	RES 4,H	RES 4,L	RES 4,(HL)	RES 4,A	RES 5,B	RES 5,C	RES 5,D	RES 5,E	RES 5,H	RES 5,L	RES 5,(HL)	RES 5,A
B	RES 6,B	RES 6,C	RES 6,D	RES 6,E	RES 6,H	RES 6,L	RES 6,(HL)	RES 6,A	RES 7,B	RES 7,C	RES 7,D	RES 7,E	RES 7,H	RES 7,L	RES 7,(HL)	RES 7,A
C	SET 0,B	SET 0,C	SET 0,D	SET 0,E	SET 0,H	SET 0,L	SET 0,(HL)	SET 0,A	SET 1,B	SET 1,C	SET 1,D	SET 1,E	SET 1,H	SET 1,L	SET 1,(HL)	SET 1,A
D	SET 2,B	SET 2,C	SET 2,D	SET 2,E	SET 2,H	SET 2,L	SET 2,(HL)	SET 2,A	SET 3,B	SET 3,C	SET 3,D	SET 3,E	SET 3,H	SET 3,L	SET 3,(HL)	SET 3,A
E	SET 4,B	SET 4,C	SET 4,D	SET 4,E	SET 4,H	SET 4,L	SET 4,(HL)	SET 4,A	SET 5,B	SET 5,C	SET 5,D	SET 5,E	SET 5,H	SET 5,L	SET 5,(HL)	SET 5,A
F	SET 6,B	SET 6,C	SET 6,D	SET 6,E	SET 6,H	SET 6,L	SET 6,(HL)	SET 6,A	SET 7,B	SET 7,C	SET 7,D	SET 7,E	SET 7,H	SET 7,L	SET 7,(HL)	SET 7,A

CB

1. 2.

ED-, DD- und FD-n

1. Tetrade \ 2. Tetrade	0	1	2	3	4	5	6	7	8	9	A	B	C	D	E	F
0																
1																
2																
3																
4	IN B	OUT B	SBC BC	LD (nn),BC	NEG	RETN	IM 0	LD I,A	IN C	OUT C	ADC BC	LD BC,(nn)		RETI		LD R,A
5	IN D	OUT D	SBC DE	LD (nn),DE			IM 1	LD A,I	IN E	OUT E	ADC DE	LD DE,(nn)			IM 2	LD A,R
6	IN H	OUT H	SBC HL					RRD	IN L	OUT L	ADC HL					RLD
7			SBC SP	LD (nn),SP					IN A	OUT A	ADC SP	LD SP,(nn)				
8																
9																
A	LDI	CPI	INI	OUTI					LDD	CPD	IND	OUTD				
B	LDIR	CPIR	INIR	OTIR					LDDR	CPDR	INDR	OTDR				
C																
D																
E																
F																

ED	(2.)	(3.)	(4.)
1.	2.	3.	4.

1. Tetrade \ 2. Tetrade	0	1	2	3	4	5	6	7	8	9	A	B	C	D	E	F
0										ADD ii,BC						
1										ADD ii,DE						
2		LD ii, nn	LD (nn),ii	INC ii	INC i0	DEC i0	LD i0,n			ADD ii,ii	LD ii, (nn)	DEC ii	INC 0i	DEC 0i	LD 0i,n	
3					INC (ii)	DEC (ii)	LD (ii),n			ADD ii,SP						
4					LD B,i0	LD B,0i	LD B,(ii)						LD C,i0	LD C,0i	LD C,(ii)	
5					LD D,i0	LD D,0i	LD D,(ii)						LD E,i0	LD E,0i	LD E,(ii)	
6	LD i0,B	LD i0,C	LD i0,D	LD i0,E	LD i0,ii	LD i0,0i	LD H,(ii)	LD i0,A	LD 0i,B	LD 0i,C	LD 0i,D	LD 0i,E	LD 0i,i0	LD 0i,0i	LD L,(ii)	LD 0i,A
7	LD (ii),B	LD (ii),C	LD (ii),D	LD (ii),D	LD (ii),H	LD (ii),L		LD (ii),A					LD A,i0	LD A,0i	LD A,(ii)	
8					ADD A,i0	ADD A,0i	ADD (ii)						ADC A,i0	ADC A,0i	ADC (ii)	
9					SUB i0	SUB 0i	SUB (ii)						SBC i0	SBC 0i	SBC (ii)	
A					AND i0	AND 0i	AND (ii)						XOR i0	XOR 0i	XOR (ii)	
B					OR i0	OR 0i	OR (ii)						CP i0	CP 0i	CP (ii)	
C												Bild 8.6.24				
D																
E		POP ii		EX (SP),ii		PUSH ii				JP (ii)						
F										LD SP,ii						

IX
IY

i0	0i

DD / FD	(2.)	(3.)	(4.)
1.	2.	3.	4.

ii =
(IX + d)
(IY + d)

DD/FD -CB-d-n und IM2-Interrupt

	2. Tetrade															
1. Tetrade	0	1	2	3	4	5	6	7	8	9	A	B	C	D	E	F
0	rRLC B	rRLC C	rRLC D	rRLC E	rRLC H	rRLC L	RLC ii	rRLC A	rRRC B	rRRC C	rRRC D	rRRC E	rRRC H	rRRC L	RRC ii	rRRC A
1	rRL B	rRL C	rRL D	rRL E	rRL H	rRL L	RL ii	rRL A	rRR B	rRR C	rRR D	rRR E	rRR H	rRR L	RR ii	rRR A
2	rSLA B	rSLA C	rSLA D	rSLA E	rSLA H	rSLA L	SLA ii	rSLA A	rSRA B	rSRA C	rSRA D	rSRA E	rSRA H	rSRA L	SRA ii	rSRA A
3	rSLI B	rSLI C	rSLI D	rSLI E	rSLI H	rSLI L	SLI ii	rSLI A	rSRL B	rSRL C	rSRL D	rSRL E	rSRL H	rSRL L	SRL ii	rSRL A
4							BIT 0,ii								BIT 1,ii	
5							BIT 2,ii								BIT 3,ii	
6							BIT 4,ii								BIT 5,ii	
7							BIT 6,ii								BIT 7,ii	
8	rRES B,0	rRES C,0	rRES D,0	rRES E,0	rRES H,0	rRES L,0	RES 0,ii	rRES A,0	rRES B,1	rRES C,1	rRES D,1	rRES E,1	rRES H,1	rRES L,1	RES 1,ii	rRES A,1
9	rRES B,2	rRES C,2	rRES D,2	rRES E,2	rRES H,2	rRES L,2	RES 2,ii	rRES A,2	rRES B,3	rRES C,3	rRES D,3	rRES E,3	rRES H,3	rRES L,3	RES 3,ii	rRES A,3
A	rRES B,4	rRES C,4	rRES D,4	rRES E,4	rRES H,4	rRES L,4	RES 4,ii	rRES A,4	rRES B,5	rRES C,5	rRES D,5	rRES E,5	rRES H,5	4RES L,5	RES 5,ii	rRES A,5
B	rRES B,6	rRES C,6	rRES D,6	rRES E,6	rRES H,6	rRES L,6	RES 6,ii	rRES A,6	rRES B,7	rRES C,7	rRES D,7	rRES E,7	rRES H,7	rRES L,7	RES 7,ii	rRES A,7
C	rSET B,0	rSET C,0	rSET D,0	rSET E,0	rSET H,0	rSET L,0	SET 0,ii	rSET A,0	rSET B,1	rSET C,1	rSET D,1	rSET E,1	rSET H,1	rSET L,1	SET 1,ii	rSET A,1
D	rSET B,2	rSET C,2	rSET D,2	rSET E,2	rSET H,2	rSET L,2	SET 2,ii	rSET A,2	rSET B,3	rSET C,3	rSET D,3	rSET C,3	rSET H,3	rSET L,3	SET 3,ii	rSET A,3
E	rSET B,4	rSET C,4	rSET D,4	rSET E,4	rSET H,4	rSET L,4	SET 4,ii	rSET A,4	rSET B,5	rSET C,5	rSET D,5	rSET E,5	rSET H,5	rSET L,5	SET 5,ii	rSET A,5
F	rSET B,6	rSET C,6	rSET D,6	rSET E,6	rSET H,6	rSET L,6	SET 6,ii	rSET A,6	rSET B,7	rSET C,7	rSET D,7	rSET E,7	rSET H,7	rSET L,7	SET 7,ii	rSET A,7

DD FD	CB	d	
1.	2.	3.	4.

ii = (IX + d) (IY + d)

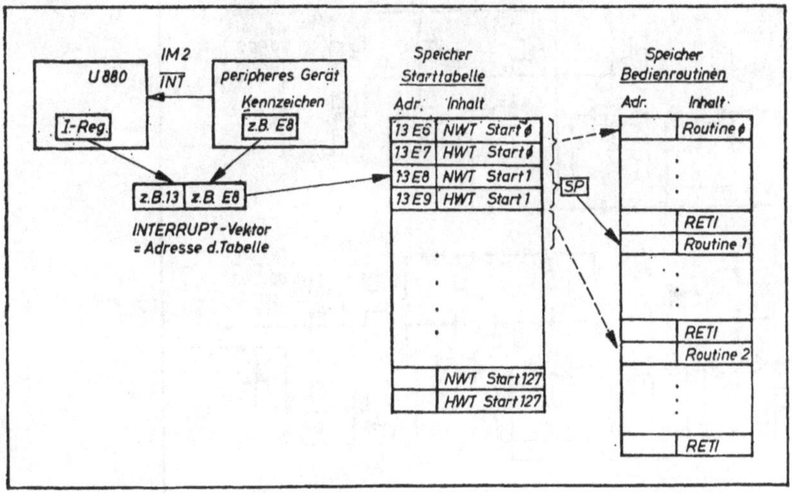

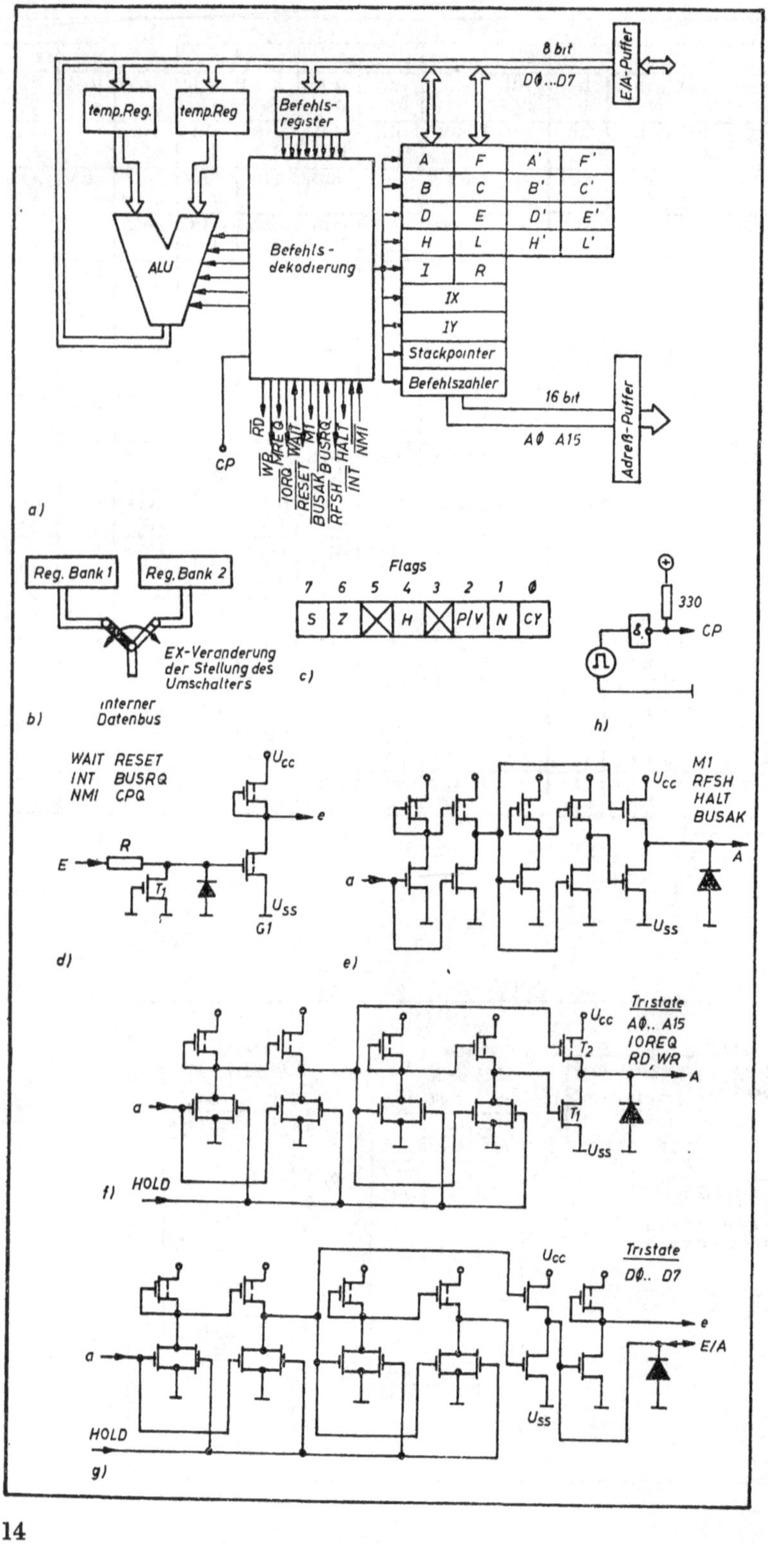
8 bit
E/A-Puffer
DΦ...D7
temp.Reg.
temp.Reg
Befehls-
register
A F A' F'
B C B' C'
D E D' E'
H L H' L'
I R
IX
IY
Stackpointer
Befehlszahler
ALU
Befehls-
dekodierung
16 bit
AΦ A15
Adreß-Puffer
CP
RD WR MREQ IORQ WAIT RESET M1 BUSAK BUSRQ RFSH HALT INT NMI
a)
Reg. Bank 1
Reg. Bank 2
EX-Veranderung
der Stellung des
Umschalters
interner
Datenbus
b)
Flags
7 6 5 4 3 2 1 Φ
S Z H P/V N CY
c)
330
CP
h)
WAIT RESET
INT BUSRQ
NMI CPQ
E
R
T1
Ucc
e
Uss
G1
d)
M1
RFSH
HALT
BUSAK
a
A
Ucc
Uss
e)
Tristate
AΦ.. A15
IOREQ
RD, WR
T2
T1
HOLD
f)
Tristate
DΦ.. D7
E/A
g)

U 880 bzw. Z 80
Zeitdiagramme

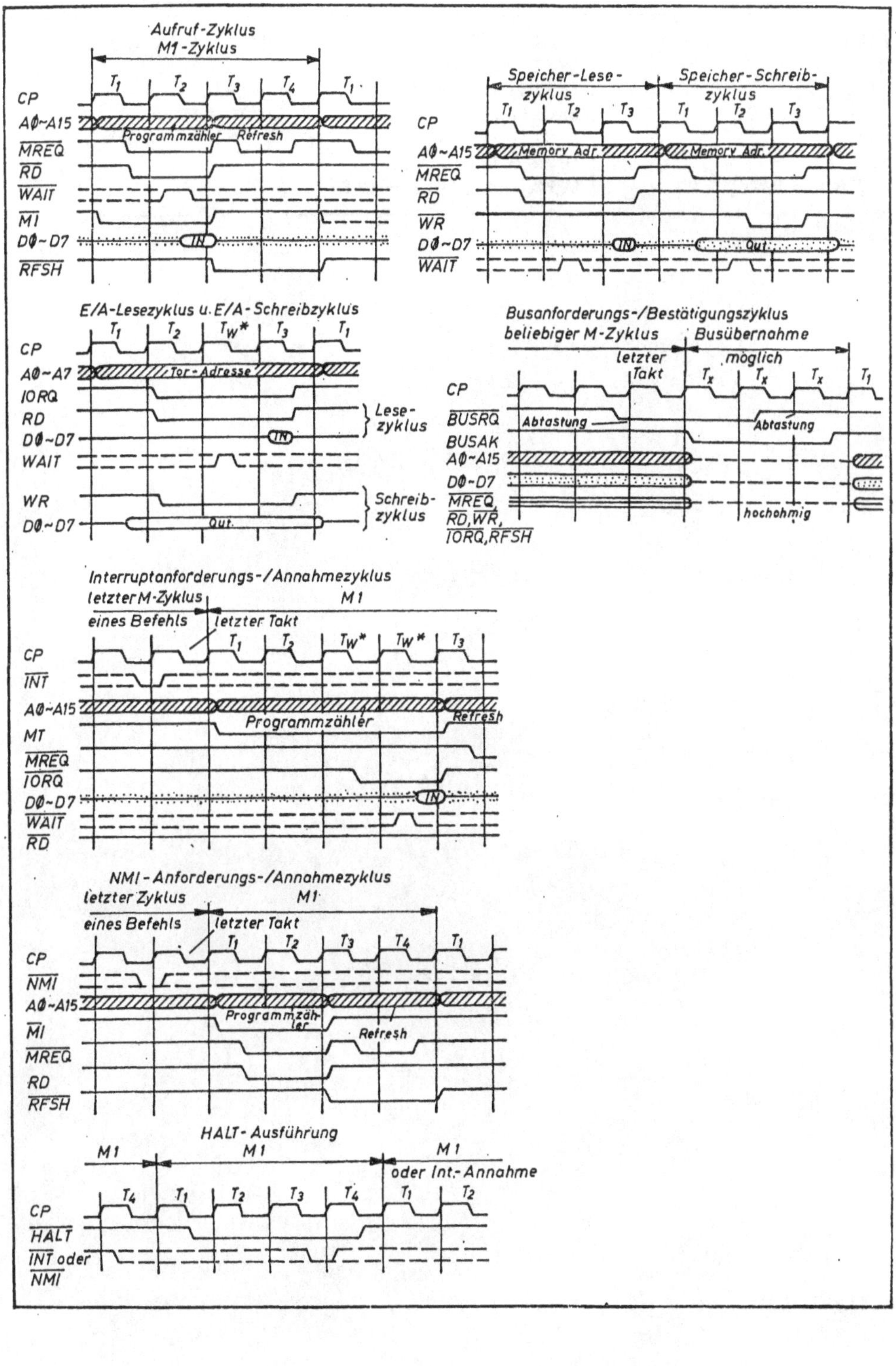

Interrupt-FF

CPU-Aktionen	Flip-Flop	Bemerkungen
RESET	IFF1 = IFF2 = 0	IM0; I-REG = 0
DI	IFF1 = IFF2 = 0	
EI	IFF1 = IFF2 = 1	
LDA, I und LDA, R	unverändert	P/V = IFF2
INT	IFF1 = IFF2 = 0	
NMI	IFF2 = IFF1; IFF1 = 0	
RETN und RETI	IFF2 bleibt; IFF1 = IFF2	

U 880 bzw. Z 80
Beschreibung der Anschlüsse

A0 ... A15	16-Bit-Adreßbus	– Tri-State-Ausgänge – liefern Adressen für externe Speicher (max. 64 kByte) und E/A-Bausteine
D0 ... D7	8-Bit-bidirektionaler Datenbus	– Tri-State-Ein-/Ausgänge – Datenaustausch zwischen CPU und Speicher bzw. CPU und E/A-Bausteinen
$\overline{M1}$	Maschinenzyklus 1	– Tri-State-Ausgang, low aktiv – bei $\overline{M1}$ aktiv ist der laufende Maschinenzyklus der Operationscode-Lesezyklus der momentanen auszuführenden Anweisung – Bestätigung der Interruptanforderung (nur zusammen mit $\overline{IORQ}$ aktiv)
$\overline{MREQ}$	Speicheranforderung ("Memory Request")	– Tri-State-Ausgang, low aktiv – Speicherzugriff (Lesen oder Schreiben)
$\overline{IORQ}$	E/A-Anforderung, ("Input/Output-Request")	– Tri-State-Ausgang, low aktiv – niederwertige 8 bit des Adreßbusses liefert Adresse zur E/A-Torauswahl (Ein- oder Ausgabe) – Bestätigung der Interruptanforderung (nur zusammen mit $\overline{M1}$ aktiv)
$\overline{RD}$	Lesen ("Read")	– Tri-State-Ausgang, low aktiv – Lesen der Daten vom Speicher oder von einem E/A-Baustein
$\overline{WR}$	Schreiben ("Write")	– Tri-State-Ausgang, low aktiv – CPU hält Daten für Speicher oder E/A-Baustein auf Datenbus bereit
$\overline{RFSH}$	Auffrischen der Information ("Refresh")	– Tri-State-Ausgang, low aktiv – niederwertige 7 bit des Adreßbusses führen Refreshadresse für dynamische Speicher – Verwendung der laufenden $\overline{MREQ}$-Signale zur Einleitung eines Refreshzyklus für alle angeschlossenen Speicher
$\overline{HALT}$	Halt-Zustand („Halt")	– Ausgang, low aktiv – CPU im (Software-) Halt-Zustand – zur weiteren Programmabarbeitung ist Interrupt-Signal nötig – CPU führt zur Sicherstellung des Refresh-Vorganges Leerbefehle (NOPs) aus
$\overline{WAIT}$	Warte-Anforderung („Wait")	– Eingang, low aktiv – Warten der CPU bis Speicher oder E/A-Schaltung bereit
$\overline{INT}$	Maskierte Interrupt-Anforderung (Interrupt-Request")	– Eingang, low aktiv – Unterbrechungsanforderung an die CPU (wird erst nach Abarbeitung des in Ausführung befindlichen Befehls berücksichtigt)
$\overline{NMI}$	Nichtmaskierbare Interrupt-Anforderung ("nonmaskable Interrupt")	– Eingang, low aktiv – Interrupt höherer Priorität – bei Anlagen eines Low-Signals an $\overline{NMI}$ wird entsprechend einer RESTART-Instruktion die Programmbehandlung bei Speicheradresse 0066 H fortgesetzt
$\overline{RESET}$	Rücksetzen ("Reset")	– Eingang, low aktiv – Rücksetzen von Interrupt-Freigabe-Flip-Flop, Befehlszähler, Register I und R – CPU in Interruptsbetriebsart 0 während $\overline{RESET}$ aktiv – Daten- und Adreßbus hochohmig, die übrigen Ausgänge inaktiv
$\overline{BUSRQ}$	Bus-Anforderung ("Bus-Request")	– Eingang, low aktiv – Adreß-, Daten- und Steuerbus hochohmig, so daß diese Leitungen von externen Schaltungen benutzt werden können
$\overline{BUSAK}$	Bus-Anforderungsbestätigung ("Bus-Acknowledgement")	– Ausgang, low aktiv – Bestätigung, daß Adreß-, Daten- und Steuerbus in hochohmigem Zustand sind
CP	Systemtakt (clock pulse)	– Takteingang für einphasigen TTL-Takt

Bedeutung der Flags

CY	F0	Carry-Flag: Übertrag: wird gesetzt bei Überlauf von Additionen und beim Borgen bei Subtraktionen. Es wird z. T. beim Schieben und Rotieren verwendet.
N	F1	Additions-Subtraktions-Flag: Es dient zur Steuerung des DAA-Befehls für BCD-Zahlen.
P/V	F2	Parity-overflow-Flag: Parität—Überlauf. Dieses Flag hat zwei Aufgaben: bei logischen Operationen Anzeige der Parität, bei arithmetischen Operationen Anzeige eines Überlaufs bei vorzeichenbehafteten Zweierkomplimenten. Es ist also gesetzt bei Zahlen kleiner —128 oder größer +127.
—	F3	nicht vorhanden
H	F4	Halbbyte-Übertrags-Flag: gilt bezüglich BCD-Zahlen, wenn ein Überlauf des niederwertigen Byte auftritt, wichtig für den Befehl DAA.
—	F5	nicht vorhanden
Z	F6	Zero-Flag: Null: wird gesetzt, wenn Ergebnis im Akkumulator Null ist.
S	F7	Signum-Flag: Vorzeichen: dient der Verarbeitung von vorzeichenbehafteten Zahlen, speichert daher den letzten Wert von Bit 7 im Akkumulator.

Bei *Programmverzweigungen* werden folgende Entscheidungen bezüglich der Flags verwendet:

Wert = 1		Wert = 0		Flag	
C	Übertrag	NC	kein Übertrag	F1	CY
PE	gerade (even) bzw. Überlauf	PO	ungerade (odd) bzw. kein Überlauf	F2	P/V
Z	Null	NZ	nicht Null	F6	Z
M	minus (negativ)	P	positiv	F7	S

Flag-Operationen und CPU-Peripherie

↕ : Flag wird entsprechend dem Ergebnis verändert
. : Flag wird nicht verändert
0: Flag wird gelöscht
1: Flag wird gesetzt
X: Flag ist unbestimmt

Befehl	Flags						Bemerkungen
	C	Z	P/V	S	N	H	
ADD s, ADC s	↕	↕	V	↕	Ø	↕	8-bit-Addition oder Addition mit Übertrag
SUB s, SBC s, CMP s, NEG	↕	↕	V	↕	1	↕	8-bit-Subtraktion, Subtraktion mit Übertrag, Vergleich und Negation des Akkumulators
AND s	Ø	↕	P	↕	Ø	1	
OR s, XOR s	Ø	↕	P	↕	Ø	Ø	logische Operationen
INC d	.	↕	V	↕	Ø	↕	8-bit-Erhöhung
DEC d	.	↕	V	↕	1	↕	8-bit-Erniedrigung
ADD HL, ss	↕	.	.	.	Ø	X	16-bit-Addition
ADC HL, ss	↕	↕	V	↕	Ø	X	16-bit-Addition mit Übertrag
SBC HL, ss	↕	↕	V	↕	1	X	16-bit-Subtraktion mit Übertrag
RLA, RLCA, RRA, RRCA	↕	.	.	.	Ø	Ø	zyklische Verschiebung — Akkumulator
RL s, RLC s, RR s, RRC s	↕	↕	P	↕	Ø	Ø	zyklische Verschiebung — Speicherplatz s
SLA s, SRA s, SRL s	↕	↕	P	↕	Ø	Ø	Verschiebung — Speicherplatz s
RLD, RRD	.	↕	P	↕	Ø	Ø	zyklische Verschiebung — Zahl links und rechts
DAA	↕	↕	P	↕	.	↕	Dezimalkorrektur — Akkumulator
CPL	.	.	.	.	1	1	Komplement des Akkumulators
SCF	1	.	.	.	Ø	Ø	Setzen des Übertrags
CCF	↕	.	.	.	Ø	X	Komplement des Übertrags
IN r, INF	.	↕	P	↕	Ø	Ø	Eingabe, indirekte Registeradresse
INI, IND, OUTI, OUTD	.	↕	X	X	1	X	Blockein- und -ausgabe, Z = 0, wenn B = 0, sonst Z = 1
INIR, INDR, OTIR, OTDR	.	1	X	X	1	X	Z = 0, wenn B = 0, sonst Z = 1
LDI, LDD	.	X	↕	X	Ø	Ø	Blocktransferbefehle
LDIR, LDDR	.	X	0	X	Ø	Ø	P/V = 1, wenn BC = 0, sonst P/V = 0
CPI, CPIR, CPD, CPDR	.	↕	↕	X	1	X	Blocksuchbefehle, Z = 1, wenn A = (HL), sonst Z = 0; P/V = 1, wenn BC ≠ 0, sonst P/V ≠ 0
LD A,I; LD A,R	.	↕	IFF2	↕	Ø	Ø	Inhalt des Interrupt-Annahmeflipflops 2 (IFF2) ins P/V-Flag überführt
BIT b,s	.	↕	X	X	Ø	1	Zustand des Bits b im Speicherplatz s ins Z-Flag überführt

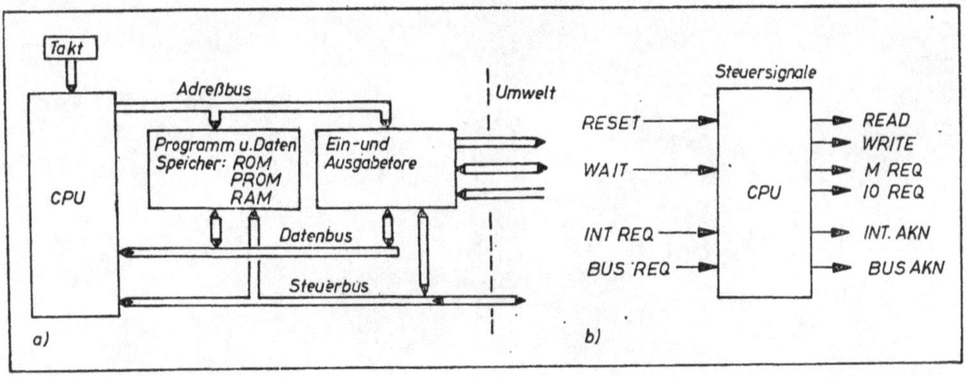

PIO U 855

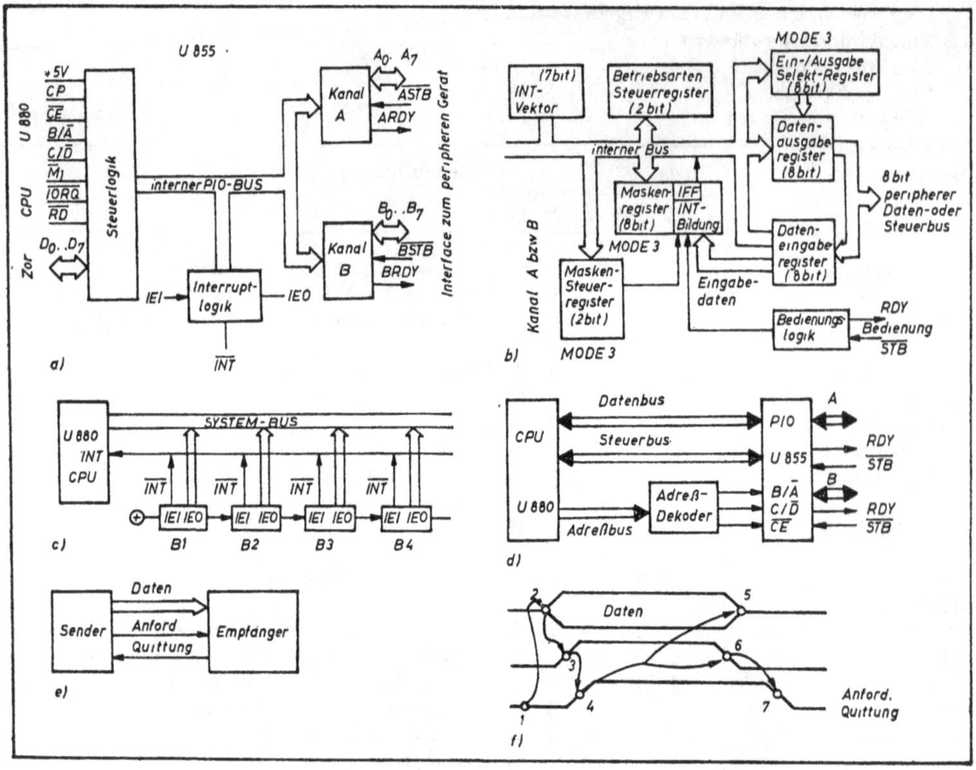
U 855
+5V
CP
CE
B/A
C/D
M1
IORQ
RD
U 880
CPU
Zor
D0..D7
Steuerlogik
interner PIO-BUS
Kanal A
Kanal B
A0..A7
ASTB
ARDY
B0..B7
BSTB
BRDY
Interface zum peripheren Gerät
IEI
Interruptlogik
IEO
INT
a)
(7bit) INT-Vektor
Betriebsarten Steuerregister (2 bit)
MODE 3
Ein-/Ausgabe Selekt-Register (8 bit)
interner Bus
Datenausgaberegister (8 bit)
Maskenregister (8 bit)
IFF
INT-Bildung
MODE 3
Kanal A bzw B
Masken-Steuer-register (2bit)
Dateneingaberegister (8 bit)
8 bit peripherer Daten-oder Steuerbus
Eingabedaten
Bedienungslogik
RDY
Bedienung
STB
b)
MODE 3
U 880
INT
CPU
SYSTEM-BUS
INT
IEI IEO
B1
B2
B3
B4
c)
CPU
U 880
Datenbus
Steuerbus
Adreßbus
Adreß-Dekoder
PIO
U 855
B/A
C/D
CE
A
B
RDY
STB
d)
Sender
Empfänger
Daten
Anford
Quittung
e)
Daten
Anford.
Quittung
f)

PIO U 855
Programmierung

Es gilt die positive Logik 1 ≙ H, Ø ≙ L.

Voraussetzungen: CE = Ø; C/$\overline{\text{D}}$ = 1

Kanalwahl: B/$\overline{\text{A}}$ = Ø: Kanal A; B/$\overline{\text{A}}$ = 1: Kanal B

1. *Eingabe des Interrupt-Vektors*
   DØ = Ø bestimmt Adresse: Interrupt-Register (INT-Vektor)
   D7 bis D1 bestimmen den Low-Teil der Sprungadresse

2. *Wahl der Betriebsart*
   D3 ... DØ = 1111 =ØFH bestimmt die Adresse: Betriebsartenregister
   D7, D6 bestimmen Betriebsart = MODE; D5, D4 ohne Bedeutung

MODE	D7	D6	Betriebsart
Ø	Ø	Ø	Byteausgabe
1	Ø	1	Byteeingabe
2	1	Ø	bidirektional nur für A möglich (dann B nur noch Bitbetrieb)
3	1	1	Bitbetrieb. Es muß unmittelbar 2a folgen

2a. *Ein-Ausgabe-Wahlwort*: Adresse: Ein-Ausgabe-Selektregister
   D7 ... DØ: Bit-Wert = 1 Eingabe; Bit-Wert = Ø Ausgabe

3. *Interrupt-Kontrollwort*
   D3 ... DØ= Ø111 = 7H bestimmt Adressen: Interrupt-Flip-Flop und Maskensteuerregister
   D7 = 1 Interrupt möglich

nur bei Mode 3:

D6, D5 Interruptart:

D6	D5 = Ø	D5 = 1
Ø	OR; Low	AND; Low
1	OR; High	AND; High

D4 bestimmt, ob folgt: ↓

3a. *Maskierungswort* (bei zuvor D4 = 1): Adresse: Maskenregister
   D7 ... DØ: Bitwert = 1 Wert wird für Interrupt genutzt
   Bitwert = Ø Wert wird nicht für Interrupt genutzt

4. *Interrupt-Kontrollwort*
   D3 ... DØ = ØØ11 = 3H bestimmt Adresse: Interrupt-Flipflop
   D7 = 1 Interrupt möglich; D4 bis D6 ohne Bedeutung

PIO U 855
Bedeutung und Funktion der Anschlußleitungen

Bedeutung und Funktion der Anschlußleitungen der PIO U 855

Folgende Anschlüsse werden mit den gleichnamigen der CPU U 880 verbunden:

$\overline{\text{INT}}$; $\overline{\text{IORQ}}$; $\overline{\text{M1}}$; CP; $\overline{\text{RD}}$; DØ bis D7

Zusätzliche Bedeutung besitzen dabei:

$\overline{\text{RD}}$	hieraus wird auch ein Schreibsignal intern generiert $\overline{\text{WR}} = \text{RD} \wedge \overline{\text{CE}} \wedge \overline{\text{IORQ}}$
DØ bis D7	übertragen Daten- und Steuerwörter
IEI und IEO	(interrupt enable in bzw. out) für Prioritätskette (daisy chain) siehe unten
$\overline{\text{CE}}$	(chip enable) aktiviert bei Signal Low die PIO; wird meist aus den Adressen A2 bis A7 logisch abgeleitet
B/$\overline{\text{A}}$	Auswahl von Kanal (Port) A (Low) bzw. B (High); wird meist von AØ abgeleitet (siehe unten)
C/$\overline{\text{D}}$	(control-/data-select) legt fest, ob auf Datenleitungen ein Datenwort (Low) oder ein Steuerwort (High) liegt; wird meist von A1 abgeleitet (siehe unten)
AØ bis A7 **BØ bis B7**	bidirektionale Tristate-Busleitungen der Kanäle A bzw. B

Für den Handshake- bzw. Interrupt-Betrieb existieren je Kanal zwei Leitungen, deren Funktion von der Betriebsart (Mode Ø bis 4) abhängt.

A STB **B STB**	Strobe pulse = Quittierungssignal des peripheren Geräts der Kanäle A bzw. B
A RDY **B RDY**	Ready = Bereitschaftssignal der Kanäle A bzw. B
Rücksetzen	erfolgt beim Einschalten der PIO oder durch $\overline{\text{M1}} \wedge \text{RD} \wedge \text{IORQ}$ (dabei bleibt INT-Vektor erhalten)

IEI	H	Interrupt-Forderung	möglich
	L		nicht möglich
IEO	H	Interrupt-Programm	läuft nicht
	L		läuft

Wert	A1	A0	Bedeutung
	C/D	B/A	
Ø	Ø	Ø	Datenwort für Kanal A
1	Ø	1	Datenwort für Kanal B
2	1	Ø	Steuerwort für Kanal A
3	1	1	Steuerwort für Kanal B

CTC U 857

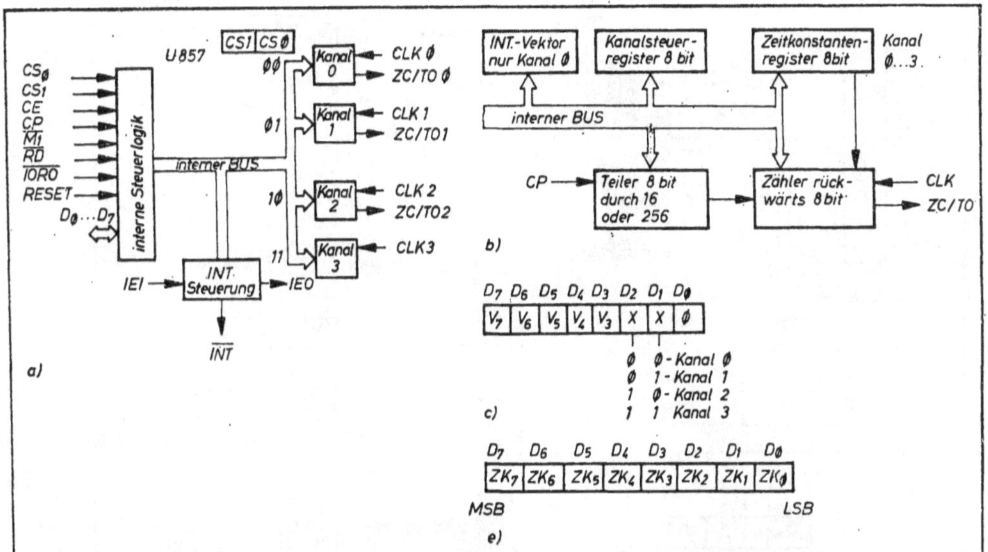

D7	D6	D5	D4	D3	D2	D1	DØ
Interrupt-freigabe Ø: gesperrt 1: freigegeben	Betriebsart-auswahl Ø: Zeitgeber 1: Zähler	Zeitgeber-vorteiler Ø: Faktor 16 1: Faktor 256	Trigger-flanke Ø: negativ 1: positiv	Zeitgeber-triggerart Ø: C/TRG passiv 1: C/TRG aktiv	Zeitkonstanten-ladung Ø: folgt nicht 1: folgt	Rückstellen Ø: nicht rücksetzen 1: rücksetzen	1

d)

SIO U 856

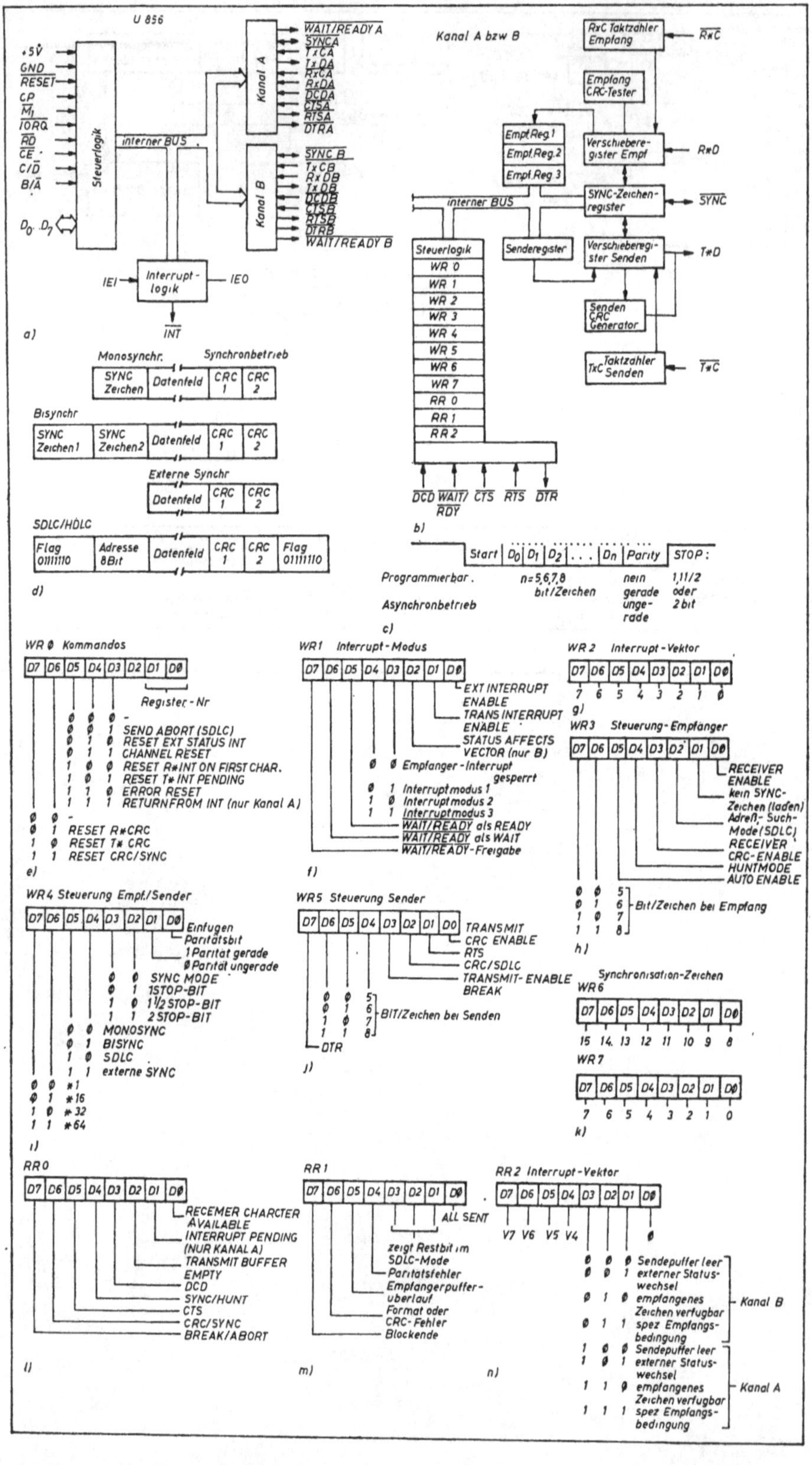
U 856
+5V
GND
RESET
CP
M1
IORQ
RD
CE
C/D
B/A
D0...D7
Steuerlogik
interner BUS
Kanal A
Kanal B
WAIT/READY A
SYNCA
TxCA
TxDA
RxCA
RxDA
DCDA
CTSA
RTSA
DTRA
SYNC B
TxCB
RxDB
TxDB
DCDB
CTSB
RTSB
DTRB
WAIT/READY B
IEI
Interrupt-logik
IEO
INT
a)
Kanal A bzw B
RxC Taktzähler Empfang
RxC
Empfang CRC-Tester
Empf.Reg.1
Empf.Reg.2
Empf.Reg 3
Verschieberegister Empf
RxD
interner BUS
SYNC-Zeichenregister
SYNC
Steuerlogik
WR 0
WR 1
WR 2
WR 3
WR 4
WR 5
WR 6
WR 7
RR 0
RR 1
RR 2
Senderegister
Verschieberegister Senden
TxD
Senden CRC Generator
TxC Taktzähler Senden
TxC
DCD
WAIT/RDY
CTS
RTS
DTR
b)
Monosynchr.
Synchronbetrieb
SYNC Zeichen
Datenfeld
CRC 1
CRC 2
Bisynchr
SYNC Zeichen 1
SYNC Zeichen2
Externe Synchr
SDLC/HDLC
Flag 01111110
Adresse 8Bit
d)
Start
D0 D1 D2 . . . Dn
Parity
STOP:
Programmierbar.
n=5,6,7,8 bit/Zeichen
nein gerade ungerade
1,1 1/2 oder 2 bit
Asynchronbetrieb
c)
WR 0 Kommandos
D7 D6 D5 D4 D3 D2 D1 D0
Register-Nr
0 0 0 -
0 0 1 SEND ABORT (SDLC)
0 1 0 RESET EXT STATUS INT
0 1 1 CHANNEL RESET
1 0 0 RESET RxINT ON FIRST CHAR.
1 0 1 RESET TxINT PENDING
1 1 0 ERROR RESET
1 1 1 RETURN FROM INT (nur Kanal A)
0 0 -
0 1 RESET RxCRC
1 0 RESET Tx CRC
1 1 RESET CRC/SYNC
e)
WR1 Interrupt-Modus
EXT INTERRUPT ENABLE
TRANS INTERRUPT ENABLE
STATUS AFFECTS VECTOR (nur B)
0 0 Empfänger-Interrupt gesperrt
0 1 Interruptmodus 1
1 0 Interruptmodus 2
1 1 Interruptmodus 3
WAIT/READY als READY
WAIT/READY als WAIT
WAIT/READY-Freigabe
f)
WR 2 Interrupt-Vektor
7 6 5 4 3 2 1 0
g)
WR3 Steuerung-Empfänger
RECEIVER ENABLE
kein SYNC-Zeichen (laden)
Adreß-Such-Mode (SDLC)
RECEIVER CRC-ENABLE
HUNTMODE
AUTO ENABLE
0 0 5
0 1 6
1 0 7
1 1 8
Bit/Zeichen bei Empfang
h)
WR4 Steuerung Empf./Sender
Einfügen Paritätsbit
1 Parität gerade
0 Parität ungerade
0 0 SYNC MODE
0 1 1STOP-BIT
1 0 1 1/2 STOP-BIT
1 1 2 STOP-BIT
0 0 MONOSYNC
0 1 BISYNC
1 0 SDLC
1 1 externe SYNC
0 0 *1
0 1 *16
1 0 *32
1 1 *64
i)
WR5 Steuerung Sender
TRANSMIT CRC ENABLE
RTS
CRC/SDLC
TRANSMIT-ENABLE
BREAK
0 0 5
0 1 6
1 0 7
1 1 8
BIT/Zeichen bei Senden
DTR
j)
Synchronisation-Zeichen
WR6
15 14 13 12 11 10 9 8
WR7
7 6 5 4 3 2 1 0
k)
RR0
RECEIVER CHARACTER AVAILABLE
INTERRUPT PENDING (NUR KANAL A)
TRANSMIT BUFFER EMPTY
DCD
SYNC/HUNT
CTS
CRC/SYNC
BREAK/ABORT
l)
RR1
ALL SENT
zeigt Restbit im SDLC-Mode
Paritätsfehler
Empfängerpuffer-überlauf
Format oder CRC-Fehler
Blockende
m)
RR2 Interrupt-Vektor
V7 V6 V5 V4
0
0 0 0 Sendepuffer leer
0 0 1 externer Statuswechsel
0 1 0 empfangenes Zeichen verfügbar
0 1 1 spez. Empfangsbedingung
Kanal B
1 0 0 Sendepuffer leer
1 0 1 externer Statuswechsel
1 1 0 empfangenes Zeichen verfügbar
1 1 1 spez. Empfangsbedingung
Kanal A
n)

SIO U 856

Spezifische Anschlüsse
Die ergänzenden Bezeichnungen für den Kanal A bzw. B sind hinzuzufügen.

Auf Empfänger bezogen		
R × D	Receive Data	Dateneingang
R × C	Receiver Clock	Takteingang Programmierbar ist, ob die Taktfrequenz 1-, 16-, 32- oder 64mal so hoch wie die Baudrate sein soll. Dies gilt insbesondere bei synchronem Betrieb. Die Datenrate darf höchstens $^1/_{4,5}$ des Systemtaktes CP sein. Bei einer Taktfrequenz von 2,5 MHz sind folglich Daten bis zu 550 kbit/s verarbeitbar.
DCD	Data Carrier Detect	Empfänger sperren (handshake)
DTR	Data terminal Ready	Empfänger bereit (handshake)
Auf Sender bezogen		
T × D	Transmit Data	Datenausgang
T × C	Transmitter Clock	analog zu R × C, mit gleichem Faktor bei gleichem Kanal
CTS	Clear to Send	Sender sperren (handshake)
RTS	Request to Send	Sendegesuch (handshake)
Allgemeine Anschlüsse		
WAIT/RDY	Wait/Ready	Generierung von Wartezuständen bzw. DMA-Steuerung
SYNC	Synchronization	Ein- und Ausgang für spezielle externe Synchronisationen

DMA U 858

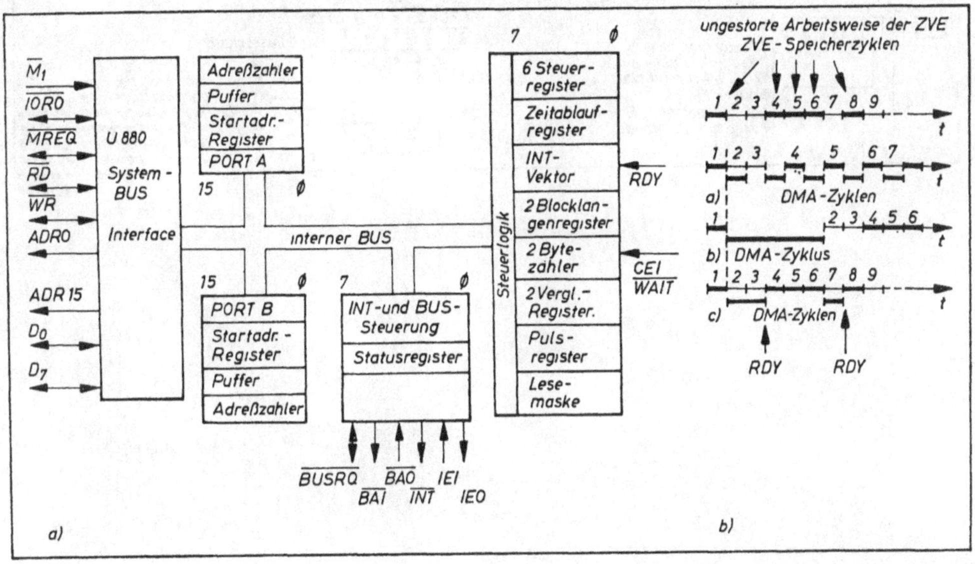

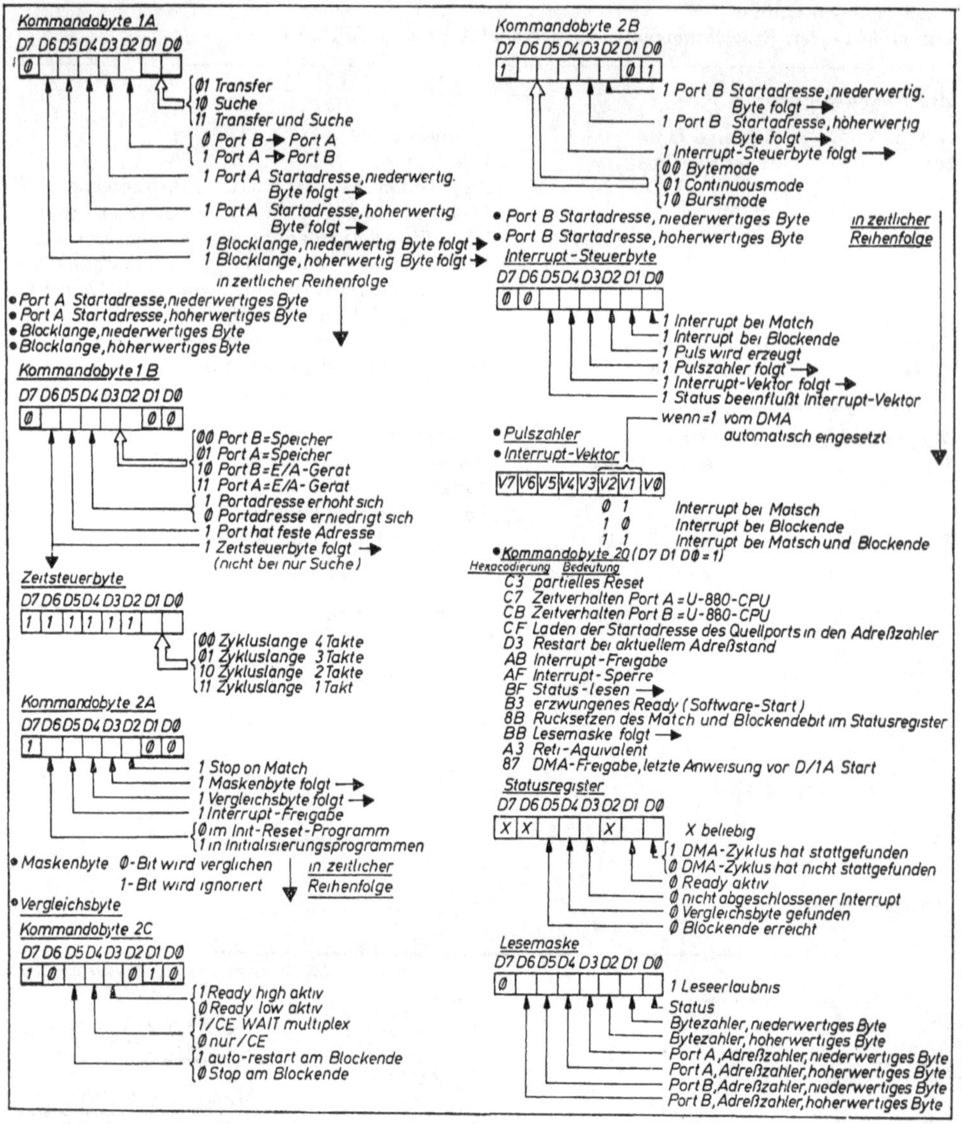
Kommandobyte 1A
D7 D6 D5 D4 D3 D2 D1 DØ
Ø
Ø1 Transfer
1Ø Suche
11 Transfer und Suche
Ø Port B → Port A
1 Port A → Port B
1 Port A Startadresse, niederwertig. Byte folgt →
1 Port A Startadresse, hoherwertig Byte folgt →
1 Blocklange, niederwertig Byte folgt →
1 Blocklange, hoherwertig Byte folgt →
in zeitlicher Reihenfolge
• Port A Startadresse, niederwertiges Byte
• Port A Startadresse, hoherwertiges Byte
• Blocklange, niederwertiges Byte
• Blocklange, hoherwertiges Byte
Kommandobyte 1 B
D7 D6 D5 D4 D3 D2 D1 DØ
Ø ØØ
ØØ Port B = Speicher
Ø1 Port A = Speicher
1Ø Port B = E/A-Gerat
11 Port A = E/A-Gerat
1 Portadresse erhoht sich
Ø Portadresse erniedrigt sich
1 Port hat feste Adresse
1 Zeitsteuerbyte folgt →
(nicht bei nur Suche)
Zeitsteuerbyte
D7 D6 D5 D4 D3 D2 D1 DØ
1 1 1 1 1 1
ØØ Zykluslange 4 Takte
Ø1 Zykluslange 3 Takte
10 Zykluslange 2 Takte
11 Zykluslange 1 Takt
Kommandobyte 2A
D7 D6 D5 D4 D3 D2 D1 DØ
1 Ø Ø
1 Stop on Match
1 Maskenbyte folgt →
1 Vergleichsbyte folgt →
1 Interrupt-Freigabe
Ø im Init-Reset-Programm
1 in Initialisierungsprogrammen
• Maskenbyte Ø-Bit wird verglichen
1-Bit wird ignoriert
in zeitlicher Reihenfolge
• Vergleichsbyte
Kommandobyte 2C
D7 D6 D5 D4 D3 D2 D1 DØ
1 Ø Ø 1 Ø
1 Ready high aktiv
Ø Ready low aktiv
1 /CE WAIT multiplex
Ø nur /CE
1 auto-restart am Blockende
Ø Stop am Blockende
Kommandobyte 2B
D7 D6 D5 D4 D3 D2 D1 DØ
1 Ø 1
1 Port B Startadresse, niederwertig. Byte folgt →
1 Port B Startadresse, hoherwertig Byte folgt →
1 Interrupt-Steuerbyte folgt →
ØØ Bytemode
Ø1 Continuousmode
1Ø Burstmode
• Port B Startadresse, niederwertiges Byte
• Port B Startadresse, hoherwertiges Byte
in zeitlicher Reihenfolge
Interrupt-Steuerbyte
D7 D6 D5 D4 D3 D2 D1 DØ
Ø Ø
1 Interrupt bei Match
1 Interrupt bei Blockende
1 Puls wird erzeugt
1 Pulszahler folgt →
1 Interrupt-Vektor folgt →
1 Status beeinflußt Interrupt-Vektor
wenn = 1 vom DMA automatisch eingesetzt
• Pulszahler
• Interrupt-Vektor
V7 V6 V5 V4 V3 V2 V1 VØ
Ø 1 Interrupt bei Matsch
1 Ø Interrupt bei Blockende
1 1 Interrupt bei Matsch und Blockende
• Kommandobyte 2D (D7 D1 DØ = 1)
Hexacodierung Bedeutung
C3 partielles Reset
C7 Zeitverhalten Port A = U-880-CPU
CB Zeitverhalten Port B = U-880-CPU
CF Laden der Startadresse des Quellports in den Adreßzahler
D3 Restart bei aktuellem Adreßstand
AB Interrupt-Freigabe
AF Interrupt-Sperre
BF Status-lesen →
B3 erzwungenes Ready (Software-Start)
8B Rucksetzen des Match und Blockendebit im Statusregister
BB Lesemaske folgt →
A3 Reti-Aquivalent
87 DMA-Freigabe, letzte Anweisung vor D/1A Start
Statusregister
D7 D6 D5 D4 D3 D2 D1 DØ
X X X
X beliebig
1 DMA-Zyklus hat stattgefunden
Ø DMA-Zyklus hat nicht stattgefunden
Ø Ready aktiv
Ø nicht abgeschlossener Interrupt
Ø Vergleichsbyte gefunden
Ø Blockende erreicht
Lesemaske
D7 D6 D5 D4 D3 D2 D1 DØ
Ø
1 Leseerlaubnis
Status
Bytezahler, niederwertiges Byte
Bytezahler, hoherwertiges Byte
Port A, Adreßzahler, niederwertiges Byte
Port A, Adreßzahler, hoherwertiges Byte
Port B, Adreßzahler, niederwertiges Byte
Port B, Adreßzahler, hoherwertiges Byte

Sockelschaltungen

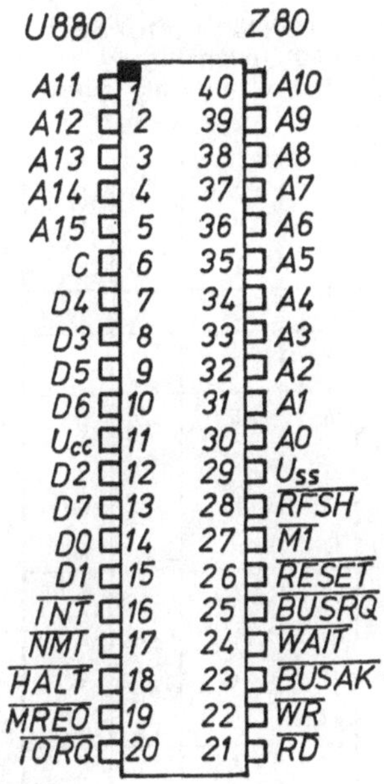

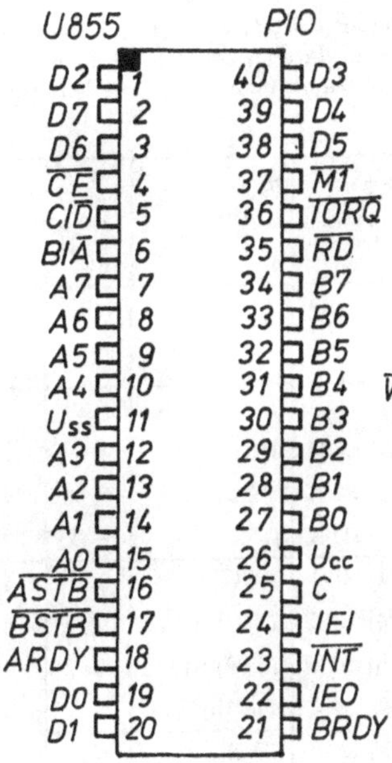

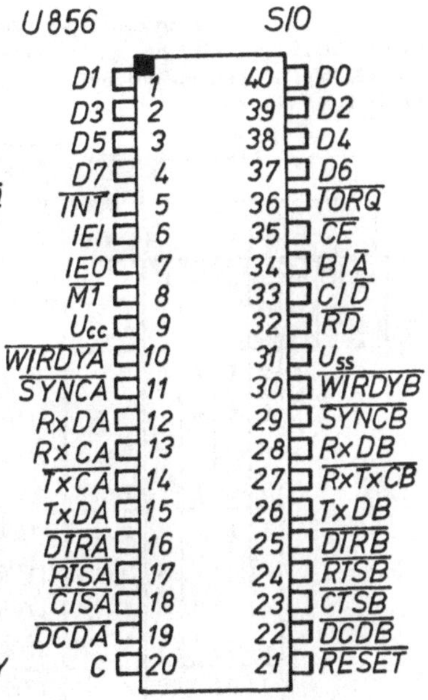

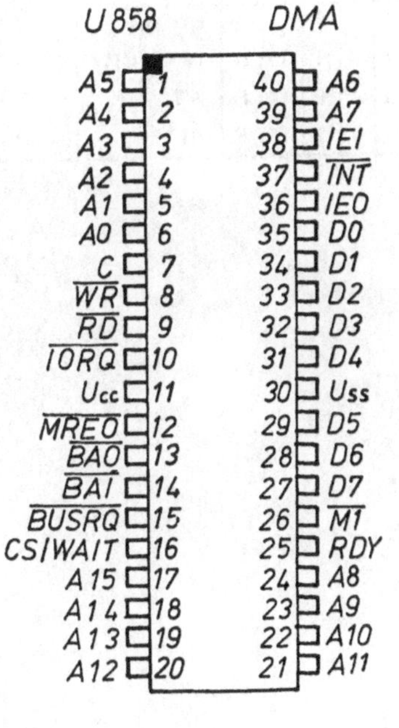

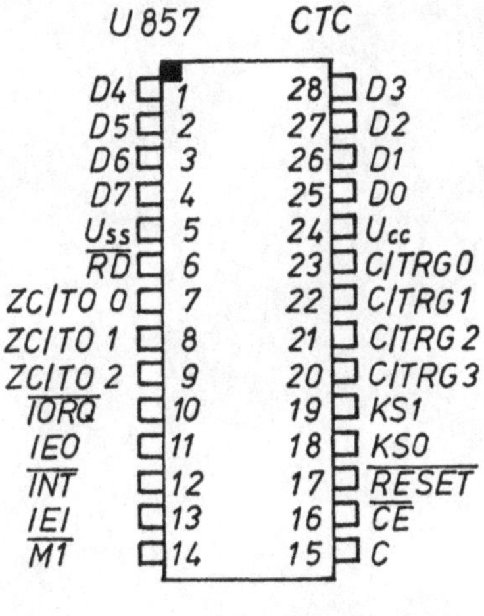

Darstellung des internationalen 7-bit-Kodes für Texte

Tabelle 8.1.5. Darstellung des internationalen 7-bit-Kodes für Texte. Die Bedeutung der Steuerzeichen NULL, SOH usw. wird hier nicht weiter erklärt [B 24]. Die Zeichen (◀) mit den Dezimal-Nr. 91 bis 94 und 123 bis 126 können international unterschiedlich belegt werden. Im Deutschen liegen hier zuweilen die Umlaute und ß.

Bit													
b6 →					Ø	Ø	Ø	Ø	1	1	1	1
b5 →					Ø	Ø	1	1	Ø	Ø	1	1
b4 →					Ø	1	Ø	1	Ø	1	Ø	1
b3	b2	b1	b0	Spalte HEX Zeile	0	1	2	3	4	5	6	7
Ø	Ø	Ø	Ø	0	NUL	(TC7) DLE	SP	0	@(§)	P	`	p
Ø	Ø	Ø	1	1	(TC1) SOH	DC1	!	1	A	Q	a	q
Ø	Ø	1	Ø	2	(TC2) STX	DC2	"	2	B	R	b	r
Ø	Ø	1	1	3	(TC3) ETX	DC3	#(£)	3	C	S	c	s
Ø	1	Ø	Ø	4	(TC4) EOT	DC4	$	4	D	T	d	t
Ø	1	Ø	1	5	(TC5) ENQ	(TC8) NAK	%	5	E	U	e	u
Ø	1	1	Ø	6	(TC6) ACK	(TC9) SYN	&	6	F	V	f	v
Ø	1	1	1	7	BEL	(TC10) ETB	'	7	G	W	g	w
1	Ø	Ø	Ø	8	(FE0) BS	CAN	(	8	H	X	h	x
1	Ø	Ø	1	9	(FE1) HT	EM	)	9	I	Y	i	y
1	Ø	1	Ø	10; A	(FE2) LF	SUB	*	:	J	Z	j	z
1	Ø	1	1	11; B	(FE3) VT	ESC	+	;	K	[(Ä) ◀	k	{(ä) ◀
1	1	Ø	Ø	12; C	(FE4) FF	(IS4) FS	,	<	L	\(Ö) ◀	l	|(ö) ◀
1	1	Ø	1	13; D	(FE5) CR	(IS3) GS	–	=	M	](Ü) ◀	m	}(ü) ◀
1	1	1	Ø	14; E	SO	(IS2) RS	.	>	N	^ ◀	n	—(ß) ◀
1	1	1	1	15; F	SI	(IS1) US	/	?	O	¬	o	DEL

Der Autor, Jahrgang 1930, studierte in Greifswald Physik, behandelte in seiner Diplomarbeit RC-Generatoren, in seiner Dissertation die Theorie der Frequenzmodulation und habilitierte sich mit einer Verallgemeinerung der Informationstheorie. 1969 verlieh ihm die Akademie der Wissenschaften der DDR die Professur.
Seine wissenschaftlichen Arbeiten, die u. a. in weit über hundert Publikationen sowie in Büchern zur Spannungsstabilisation, 6 Bänden zur Information und zur Elektronik niedergelegt sind, betreffen vor allem Informationsspeicherung, Informationstheorie, Kybernetik und Elektronik. Großes Interesse bringt er ethischen, ästhetischen und philosophischen Problemen entgegen. Organisatorisch ist er in mehreren wissenschaftlichen und wissenschaftlich-strategischen Gremien tätig. Er war der erste Direktor und damit Gründer des Zentralinstituts für Kybernetik und Informationsprozesse der AdW der DDR.

ISBN 3-05-500058-7

FSC
www.fsc.org
MIX
Papier | Fördert gute Waldnutzung
FSC® C083411

Kolibri 360 GmbH
Ferdinand-Jühlke-Straße 7
99095 Erfurt, Deutschland
produktsicherheit@kolibri360.de